AF509903

LES
ANCIENNES EXPLORATIONS

ET LES FUTURES DÉCOUVERTES

DE

L'AFRIQUE CENTRALE

AVEC UNE CARTE

(Deuxième édition augmentée de deux chapitres)

PAR

E.-F. BERLIOUX

Professeur de Géographie à Lyon

LYON

IMPRIMERIE ALF. LOUIS PERRIN ET MARINET

Rue d'Amboise, 6.

1879

Principe d'interprétation.

Les tables de Ptolémée présentent de grandes différences entre le tracé des côtes et celui de l'intérieur.

Le littoral est tracé d'après le système des **portulans**, dans lequel les lignes sont d'autant plus développées que les difficultés de la navigation étaient plus grandes. L'astronomie privée d'instruments, ne pouvait corriger les erreurs.

Sur les routes de l'intérieur, les distances données par la graduation de Ptolémée, sont généralement aussi exactes que dans les itinéraires modernes qui n'ont pas été relevés par des mesures mathématiques. On peut [illegible]

AFRIQUE CENTRALE
LIBYA INTERIOR de Ptolémée
Les anciennes explorations et les prochaines découvertes
des régions du Sahara central
par E. F. Berlioux, professeur de géographie à Lyon
mai 1879
Observations générales
Principe d'interprétation
Géographie physique
Géographie commerciale
Géographie politique
M. MEDITERRANEUM
CARTHAGO
Syrtis minor
Syrtis major
CYRENE
Bernice
GARAMA
SAMAMYCII
Bassin du GER
GARAMANTES
GEIRA
NIGEIRA
NUBI
LES NOUBOI
PHARAX Garamantica
MIMAGES
GONGALA (Gongola)

LES
ANCIENNES EXPLORATIONS
ET LES FUTURES DÉCOUVERTES
DE
L'AFRIQUE CENTRALE

En ce moment huit expéditions : deux françaises, une belge, une anglaise, deux allemandes, une italienne, une portugaise, s'avancent vers l'intérieur de l'Afrique pour faire la conquête de ce pays au nom de la science et de l'humanité. Chacune de ces expéditions a pris son lot de pays à explorer, et donnera de grands résultats si elle répond au but qu'on a assigné à ses efforts et aux vœux de l'Europe. Mais ces expéditions ne font que commencer, et l'heure n'est pas encore venue d'en raconter les découvertes. Cependant on peut affirmer d'avance qu'elles amèneront la transformation de l'Afrique. Déjà même on touche à la solution d'une grande difficulté, la difficulté des transports, qui fermait l'Afrique intérieure aux communications régulières avec le littoral et avec le commerce européen. Le roi des Belges, qui a pris l'initiative généreuse des expéditions africaines, a fait acheter quatre éléphants pour l'Association internationale d'Afrique.

La même tentative est faite, d'un autre côté, par l'expédition française des missionnaires d'Alger, pour laquelle on a acheté des éléphants dans les Indes. Désormais les explorateurs de l'Afrique équatoriale seront affranchis de la nécessité coûteuse de se faire accompagner par une armée de porteurs.

Un autre problème se rattachant à la conquête pacifique de l'Afrique intérieure, c'est celui des routes. Il faut des routes qui conduisent rapidement nos voyageurs jusque dans le centre de l'Afrique, sans qu'ils fassent de lointains détours et sans qu'ils soient à la merci des princes indigènes, mahométans ou barbares, qui entravent les communications. Ce problème sera résolu à son tour, car il a été soumis à l'étude de l'Europe savante et a suscité déjà de nombreuses recherches. La solution montrera qu'il y a trois ou quatre grandes routes à la disposition des Européens, et sur lesquelles ils pourront bientôt ouvrir un commerce régulier.

En attendant la solution complète de ce problème, déjà on peut dire avec certitude que les anciens, c'est-à-dire les Grecs et les Romains, avaient un certain nombre de routes partant de la Méditerranée, traversant le Sahara et pénétrant dans le Soudan; que ces routes rencontraient dans le Sahara des pays populeux, des vallées arrosées, une série de villes qui en formaient les stations; qu'elles servaient à un commerce régulier et sillonnaient l'Afrique de leurs caravanes; enfin qu'une de ces routes était particulièrement remarquable par les facilités qu'elle offrait pour surmonter les obstacles matériels et abréger les distances. A côté de ces affirmations concernant le passé, on peut annoncer de plus que l'expédition allemande conduite par M. Rohlfs va découvrir deux des anciennes voies suivies par le commerce à l'époque romaine. C'est de ces voies parcourues par les anciens et des futures découvertes de l'expédition de M. Rohlfs qu'il sera question dans cette étude.

L'auteur de ces recherches emprunte aux tables de Ptolémée ses documents sur le passé, mais il ne veut pas revenir sur l'examen critique de cet ouvrage. Au lieu de refaire une discussion théorique, il se borne à mettre sous les yeux du lecteur la carte de la Libye intérieure ou du Sahara central, telle que la traçait le géographe d'Alexandrie. Cette carte, relevée par des voyageurs qui n'avaient ni boussole, ni chronomètre, ni aucun des instruments de précision que la science moderne donne aux explorateurs, est assez claire, malgré ses erreurs, pour démontrer l'exactitude et le savoir de l'école qui a créé la géographie astronomique et dont Ptolémée fut le fondateur.

D'ailleurs, il ne s'agit pas ici d'une œuvre d'érudition, ni de polémique scientifique, il s'agit simplement d'une expérience pratique. La carte de la Libye intérieure qui accompagne ces notes, a été dessinée non pour une revue ni pour une œuvre académique, mais pour des voyageurs, et elle a été envoyée aux explorateurs de la

Libye avant d'être donnée au public. Ainsi, il ne sera pas question de discuter des textes que chacun interprète à sa façon, mais de voir, sur le terrain et par l'expérience, si les anciens *routiers* de l'époque romaine ne peuvent plus servir pour des pays que nos cartes modernes laissent en blanc. C'est pour faciliter cette expérience pratique que la carte de Libye a été couverte de notes qui dispensent le voyageur d'emporter un volume de commentaires.

Ce sera la seconde épreuve pratique à laquelle les tables de Ptolémée auront été soumises de nos jours ; car, on le sait, l'illustre Livingstone emportait avec lui une carte du géographe grec, dans cette dernière expédition où il est allé mourir. Il y a même lieu de croire que c'est à cause de cette carte de l'Afrique intérieure, qu'il avait emportée de Bombay, mais qu'il comprenait mal et qu'il n'avait pas soumise à une critique assez solide, que le malheureux voyageur s'est obstiné dans l'exploration du haut Congo, où il cherchait les sources du Nil et où il a fini par périr. Pour la carte du Sahara central ou de la Libye intérieure, cette critique dont les tables de Ptolémée ont besoin a été faite, et si l'on veut savoir comment elle a été pratiquée, on n'a qu'à relire la note intitulée : *Principe d'interprétation*. Outre cet examen, la carte de la Libye a été soumise encore à une épreuve préliminaire qui en a déjà établi la solidité, le lecteur en jugera.

I

Lorsque M. Rohlfs, au mois de décembre 1878, partait de Tripoli pour s'enfoncer dans le désert de Libye, l'auteur de cette étude lui envoya un premier travail, la petite brochure intitulée *la Première école de géographie astronomique et la prochaine découverte du pays des Garamantes* (Lyon, Georg). Il signalait l'existence d'une ancienne voie qui traversait le Djebel Haroutch (Zouchabbari), par l'extrémité orientale de la chaîne, qui pénétrait dans l'oasis de Ouaou-Squair ou el-Namous, et qui trouvait dans cette oasis l'embouchure de plusieurs ouadis. Une branche orientale de ces ouadis devait mener les explorateurs sur les ruines de Garama, qui sont sur les pentes septentrionales du Tibesti, à un point que les indigènes nomment aujourd'hui Araba. L'indication était précise.

M. Rohlfs, le chef de l'expédition libyenne, s'est d'abord avancé dans la direction suivie par l'ancienne voie, et a pénétré jusqu'à Sella, vers le point où cette voie franchissait le Zouchabbari. Malheureusement il a dû abandonner cette route pour des raisons qu'il donne dans une lettre écrite en réponse à la brochure indiquée plus haut. Mais, s'il n'a pu aller jusqu'à Ouaou-el-Namous, la cuvette où l'ancien Cinyph réunissait ses eaux, il a recueilli sur ce pays des renseignements pleins d'intérêt. Son guide, un homme sûr et intelligent, lui a dit, qu'à deux journées de marche au sud d'Ouaou, on rencontre des pierres portant des inscriptions. Il est évident que ce fait confirme l'existence d'une voie allant de l'oasis de Ouaou au Tibesti. Ces pierres, portant des inscriptions, sont des pyramides ou de grandes bornes milliaires qui jalonnaient la route de Garama.

LETTRE DE M. G. ROHLFS A M. BERLIOUX.

Djalo, 9 avril, Est d'Audjila.

J'ai reçu votre très intéressante brochure à Tripoli et je l'ai lue avec beaucoup d'attention et de plaisir. Je vous en remercie. Tout ce que vous dites de Ptolémée est bien vrai. Aussi en Allemagne n'est-il point apprécié comme il devrait l'être.

Malheureusement je n'ai pu exécuter mon plan primitif, c'est-à-dire aller directement, *via Sella*, à Koufra. C'était là, je crois, qu'était la grande route des Garamantes.

Arrivé à Sella, j'ai bien trouvé un guide qui m'aurait conduit, *via* Ouabri, à Ouaou, et de là j'aurais poussé vers Koufra. Mais le manque d'eau de cette année, m'a forcé d'abandonner mon premier plan et de me diriger sur Audjila et Djalo. J'y suis depuis quelques jours seulement, et il s'agit de trouver un bon guide.

Voici qui vous intéressera sans doute. Mon guide de Sella, qui m'a conduit ici à Djallo, m'a raconté qu'il était allé à Ouaou-el-Namous, dont l'existence était douteuse jusqu'à présent. Au-delà il est encore allé à deux journées de marche, *et a trouvé des pierres avec des inscriptions*. Comme l'homme est sérieux, et, dans tous ses autres rapports, très véridique, je suis bien porté à croire à ses paroles.

Mais, comme je vous l'ai dit, j'ai été forcé d'abandonner cette route, et maintenant je suis sur celle qui conduit de la Cyrénaïque, notamment de Bérénice (Euesperides), vers le sud.

J'espère pouvoir en partir dans peu de jours, et je crois que la science géographique profitera beaucoup de ce voyage, car toute cette terre, au sud d'Audjila jusqu'au Ouadaï, est encore *terra incognita*. Mais le voyage sera très difficile. D'abord je n'ai pas encore pu trouver un guide; ensuite j'aurai à passer par des lieux habités exclusivement par des Snussi, les partisans d'une secte musulmane plus fanatique que toutes les autres. Mais j'espère vaincre.

Agréez ...
Dʳ GERHARD ROHLFS.

En dehors de ce résultat qui apporte une première preuve en faveur des tables de Ptolémée, il faut bien compter pour quelque chose le témoignage de M. Rohlfs, le voyageur qui a le mieux exploré l'Afrique du Nord et qui n'hésite pas à reconnaître l'autorité du géographe alexandrin. Ce témoignage sera peut-être de quelque valeur aux yeux de ceux qui jugent sans parti pris, et, en attendant une épreuve définitive, on sera moins leste à condamner Ptolémée et ceux qui prennent sa géographie au sérieux. D'ailleurs, l'épreuve définitive va commencer bientôt, et on la fera sur la nouvelle route choisie par M. Rohlfs.

Cette nouvelle route, il est allé la chercher vers Audjila, à Djalo, une oasis qui est à quelque distance et à l'est d'Audjila. Il se propose de partir de là pour gagner l'oasis de Koufara, et de pénétrer dans le Soudan en longeant le rebord oriental du Tibesti. Sur cette route, nos cartes mettent le pays de Vanyanga (Wanjanga), que personne n'a jamais vu, mais que l'on connait d'après certaines relations.

Or, il se rencontre précisément que les anciens avaient une voie commerciale qui suivait absolument la même direction pour pénétrer dans l'Afrique intérieure. C'est donc sur cette route orientale que se fera l'expérience concernant les tables de Ptolémée, puisqu'il n'a pas été possible de la faire sur la route de Garama. Pour que cette expérience ait lieu dans des conditions qui écartent toute espèce de doute, le professeur a pris en main la défense de Ptolémée, a dessiné la route d'Audjila avec toutes ses stations et tous les accidents du sol, telle qu'elle est décrite dans les tables. Une fois la besogne commencée, il a relevé également le tracé de toutes les anciennes voies qui traversaient le Sahara. Ce travail a été réuni dans la carte de l'Afrique centrale ou de l'Afrique intérieure, dont les premiers exemplaires ont été envoyés à M. Rohlfs. La carte a été ensuite publiée afin que l'on ait, d'avance, le moyen de comparer les explications des anciens avec les prochaines découvertes de voyageurs modernes. Le public aura donc entre les mains les pièces du débat scientifique qui établira la valeur des tables de Ptolémée.

L'expérience sera plus complète, si l'on examine d'abord la carte de la Libye ancienne, si on la compare avec celle du Sahara central, si l'on connait les pays que les anciens avaient explorés, si l'on a suivi les routes parcourues par les caravanes, et si l'on a fait connaissance avec les populations qu'ils y rencontraient. Cette recherche préliminaire donnera tout de suite des indications précieuses sur la géographie et sur l'histoire de l'Afrique. Il ne sera pas nécessaire de la poursuivre bien loin pour reconnaître l'exactitude des renseignements recueillis par Ptolémée et pour rencontrer des faits pleins d'intérêt. Cette recherche sommaire se fera facilement en suivant les routes tracées sur la carte. Mais le lecteur voudra bien se rappeler qu'il n'a sous les yeux que le résumé d'un travail qui demanderait un grand volume pour être complet, et que ce résumé a dû être improvisé.

Les routes qui traversaient le désert de Libye étaient au nombre de trois. Il y en avait une qui partait d'Alexandrie, et le point de départ des deux autres était Leptis-la-Grande, une ville dont les ruines sont à l'est de Tripoli, et sont connues sous le nom de Lebda. C'est par une de ces deux routes partant de Leptis, par la plus occidentale, qu'il faut commencer l'étude de la Libye.

Si l'on regarde le tracé de cette route, on la voit quitter Leptis pour prendre la direction du sud-ouest jusqu'à Pisinda, courir ensuite vers le sud jusqu'à Sabatra et Thagulis, venir franchir le mont Zouchabbari par l'extrémité occidentale du massif, et atteindre enfin Gelanos. Cette première section de la route correspond assez exactement à l'itinéraire de Barth, qui y a rencontré de nombreuses ruines rappelant l'époque romaine, et la ville de Gelanos n'est pas autre chose que la Djerma moderne, dans laquelle on a voulu reconnaître l'ancienne Garama, à cause d'une certaine ressemblance entre les deux noms, mais en ne tenant aucun compte des renseignements laissés par les anciens sur la position des Garamantes.

De Gelanos, la voie romaine se prolongeait dans la direction de l'ouest sur un développement de 7° environ. Là elle trouvait une grande rivière venant du sud et qui se nommait Bagradas. Si l'on remontait la vallée du Bagradas en partant d'Anygath, on arrivait à Thaboudis, et l'on entrait dans un massif montagneux nommé Ousargala, qui devait avoir une grande importance et recueillir beaucoup d'eau, car, outre le Bagradas, il versait, du côté de l'est, une seconde rivière nommée Ger, et, du côté du sud, une troisième rivière s'appelant N'ger. Sur les pentes orientales de ce massif, les marchands romains rencontraient deux villes : Siccathorium et Capsa. S'ils s'avançaient dans la direction de l'ouest, en partant d'Anygath, ils arrivaient à Silicé, la limite de leurs courses de ce côté.

Pour trouver ce pays de l'Ousargala, qui est si remarquable par sa forme, ceux qui ne cherchent qu'une ressemblance entre les noms, sont allés à Ousargala. La vérité était plus facile à trouver. Pour cela on n'a qu'à suivre exactement les indications de Ptolémée. En effet, à 7° à l'ouest de Djerma, on trouvera, comme les anciens, un grand ouadi qui vient du sud. En remontant cet ouadi, on rencontrera une ville qui s'appelle aujourd'hui Idélès, mais qui portait le nom de Tafouris au siècle dernier. C'est l'ancienne Thaboudis. Enfin, à 1° 30' environ de Tafouris, du côté du midi, on est au centre d'un grand massif montagneux s'appelant Ahaggar. Ici y aurait-il beaucoup de témérité à dire que les deux noms de Ahaggar et d'Ousargala ont le même radical, *Gar*, nom qui signifie pays riche en eau? Quoi qu'il en soit de ce détail, il est certain que le Ahaggar, comme l'Ousargala, présente du côté du nord un puissant ouadi. Comme lui il en a un second à l'est, et un troisième au sud. On peut remarquer de plus que l'Igharghar actuel a gardé ce nom de Ger ou N'ger que portaient plusieurs rivières du massif de Ptolémée.

Si les anciens n'ont donné aucune indication sur le versant occidental de l'Ousargala, c'est que ce versant était dans le domaine des Mélanogétules, une race ennemie des Garamantes. Ces derniers, comme on le verra plus loin, appartenaient à une race blanche qui avait fait la conquête du Sahara central et d'une grande partie du Soudan sur les noirs, premiers habitants du pays. Mais plusieurs nations noires, comme les Mélanogétules, avaient échappé à cette conquête, et étaient restées les ennemies des conquérants étrangers. Alors on comprend que les Romains, alliés des Garamantes et parcourant l'Afrique sous la protection des princes de Garama, n'aient jamais pu visiter les pays occupés par les noirs.

Dans l'Ousargala, les marchands de Leptis trouvaient un grand centre de commerce à Siccathorium, dont la position correspond exactement au bassin appelé la Sebka d'Amagdar. Dans ce bassin, on rencontre un lac salé, dont le sel a eu un grand rôle dans le commerce africain, et sur les bords duquel s'est tenu pendant des siècles un des marchés les plus fréquentés du Sahara. Un autre marché dépendant également de la province d'Ousargala, était celui de Silicé, situé à 4° environ d'Amygath ou à 11° de Gelanos, et on s'y rendait en passant par Buthuris. Les distances de la table de Ptolémée conduisent directement sur In-Salah, qui a toujours été un centre populeux important. Mais pour comparer les noms de la géographie ancienne avec ceux de la géographie moderne, il faut se rappeler que le préfixe *In* ou *Ain*, mis devant un nom de ville, signifie localité ou ville.

La conclusion de ces recherches, c'est que le pays d'Ousargala, qui formait la province occidentale de l'empire des Garamantes, n'est pas autre chose que le massif du Ahaggar. Les distances, les noms, la forme du sol établissent d'une manière évidente l'identité des deux régions.

Ces preuves purement géographiques deviennent encore plus claires, plus éclatantes, si l'on consulte les traditions encore vivantes dans ce pays. En effet, les populations qui vivent dans les vallées situées au nord du Ahaggar, ont gardé le souvenir de leurs anciennes relations avec les Romains. Ainsi, pour ne citer qu'un seul fait, ces populations, malgré le mahométisme qui a introduit chez elles de nouveaux usages, ont conservé le calendrier romain que leur avaient apporté les marchands de Leptis. C'est M. Rohlfs qui signale ce fait dans son exploration du Maroc. La démonstration est donc complète.

En face d'un pareil résultat, on voit combien la géographie et l'histoire de l'Afrique deviennent lumineuses quand on compare les tables de Ptolémée avec les cartes modernes. La géographie contemporaine, en nous montrant les marchés de ces lointaines régions et en signalant les richesses qu'on y rencontre, nous explique les explorations des anciens. On sait pourquoi les marchands de Leptis se rendaient à Siccathorium et à Silicé, où ils rencontraient les marchands de la Mauritanie, de la Gétulie et de l'Atlas méridional. D'un autre côté, les documents anciens nous expliquent de nombreux détails de la géographie contemporaine, comme la présence des noirs dans toutes les régions du Sahara. En faisant cette comparaison, on voit la lumière jaillir de toutes les pages de la géographie de Ptolémée, ce livre merveilleux qu'on laisse de côté parce qu'on ne le comprend pas, et chaque chiffre des tables, dès qu'on le soulève, jette une étincelle lumineuse, comme si on écartait la poussière qui recouvre un diamant. C'est le voyage d'Ousargala qui nous amène à ces conclusions. Cependant il est le moins curieux de ceux que nous racontent les tables de la Libye intérieure. On va le voir.

II

La seconde route qui partait également de Leptis, se dirigeait vers le sud, allait traverser, vers le 27° de latitude, un premier massif montagneux appelé Zouchabbari, et en atteignait un second appelé Girgiri, vers le 20°. Cette route était de beaucoup la plus importante de celles qui franchissaient le Sahara, parce qu'elle passait au cœur même de l'empire des Garamantes, et parce qu'elle conduisait dans le Soudan. Seulement il faut se rappeler que les anciens ne distinguaient pas par des noms particuliers ces deux régions physiques si différentes du Soudan et du Sahara. Comme le Sahara presque tout entier et une grande partie du Soudan appartenaient à des chefs de race libyenne, ils donnaient à ces deux pays le nom de Libye intérieure. D'ailleurs, à cette époque, la démarcation qui sépare les terres stériles du Nord, des régions arrosées du Midi, était beaucoup moins marquée qu'aujourd'hui. Dans la portion que nous appelons le Sahara, les terres fertiles et boisées tenaient une grande place, et, sur plusieurs points, on pouvait aller du littoral de la Méditerranée jusque dans l'Afrique intérieure, sans avoir à traverser les immenses solitudes qui les séparent aujourd'hui. Ce qui le prouve, c'est que les éléphants de l'intérieur arrivaient jusque sur le domaine des Carthaginois. En se rappelant ce caractère de l'ancienne Afrique, on comprendra mieux la géographie du pays des Garamantes et le rôle du grand chemin qui y conduisait.

Cette route, en quittant Leptis, courait d'abord parallèlement au rivage de la grande Syrte et rencontrait Gerisa, Iscina, Sycapha. Plus loin elle s'enfonçait dans l'intérieur pour passer à Uddita, Tégé, franchissait le Zouchabbari à un col qui devait s'appeler Caput Saxi, quoique les tables ne donnent pas ce nom, et atteignait la frontière des Garamantes au-delà de Dourga, car les Romains avaient pris possession des deux extrémités du passage qui s'ouvrait de l'intérieur sur le littoral.

Sur cette section de la route qui s'étend de Leptis jusqu'à l'entrée des montagnes, les Romains ont laissé d'assez nombreux monuments, dont les ruines ont été signalées déjà par plusieurs explorateurs modernes. Entre ces monuments, un des plus curieux, ce sont les puissantes digues de la rivière de Lebda, car ces digues rappellent quelle fut l'importance du Cinyph ou Cinyps. Mais, pour le moment, la géographie n'a encore rien de précis sur cette rivière dont l'importance a diminué à mesure que les montagnes de la Tripolitaine se déboisaient. Il faut remarquer seulement qu'il y avait deux Cinyph, comme il y avait deux Bagradas. Le Cinyph supérieur descendait du Girgiri, et le Cinyph inférieur sortait du Zonchabbari. Cette dernière montagne, dont le nom devait s'étendre à tout le massif du littoral, avait *aussi* un Cinyph, comme le dit Ptolémée.

Aujourd'hui la route qui court au sud-est de Tripoli et qui suit la même direction que l'ancienne voie garamantique, est à peu près abandonnée par les caravanes, mais on sait qu'elle a été fréquentée jusqu'au moment où elle fut fermée par les dévastations des tribus musulmanes établies sur la côte. C'est même à cause des facilités qu'elle offre pour pénétrer dans l'intérieur, qu'elle a attiré si souvent les maraudeurs et les chasseurs d'hommes. Quant aux avantages qu'elle doit offrir pour le commerce, il suffit de regarder la carte pour les voir. Ainsi la tête de ligne de cette grande voie africaine, la ville de Leptis, est à 32°39' de latitude, tandis que Carthage est vers 36°46', ce qui fait une différence de plus de 4° entre les deux villes, en sorte qu'une route partant de Leptis pour l'intérieur est plus courte de 450 kilomètres environ qu'une route partant de Carthage. D'un autre côté, la pente des montagnes qui s'abaissent vers la grande Syrte, amène nécessairement les eaux sur la route de Lebda à Sella.

La seconde section de la voie garamantique reliait le massif du Zonchabbari au massif du Girgiri. La route y rencontrait d'abord une dépression où devaient se réunir les eaux du Cinyph supérieur. Les distances données par les tables mettent ce confluent dans l'oasis de Ouaou-Srair, qu'aucun Européen n'a encore vue, mais qui est riche en eau d'après les relations des indigènes, et c'est même à cause de cela qu'elle serait appelée el-Namous ou l'oasis des moustiques, à cause des mouches ou des moustiques qui y sont attirés par les eaux. Les derniers renseignements sur les bornes marquées d'inscriptions que l'on trouve au sud de Ouaou, achèvent de prouver que cette oasis correspond exactement au confluent de l'ancien Cinyph. Enfin, une dernière preuve établit qu'il y a une route naturelle entre les oasis d'Ouaou et le Tibesti. C'est que ces oasis ont longtemps appartenu aux Tebous, la population qui occupe actuellement le Tibesti ou l'ancien pays des Garamantes.

Au-delà du confluent du Cinyph, la route se bifurquait. Une branche occidentale se dirigeait par Canias, Bedeirum, Thucimath, sur Geira, la capitale d'un second empire libyen. La branche orientale allait à Garama, la capitale des Garamantes, et devait se prolonger vers le sud, sur Thumelita et Ischerei. D'ailleurs, ces deux routes traversaient les vallées ou les cantons les plus riches et les plus peuplés de l'empire garamantique.

Dans cette région centrale, où les Garamantes avaient mis leur capitale, le pays présentait une physionomie particulière, qui frappe au premier coup d'œil, quand on regarde la carte dessinée d'après les indications de Ptolémée. Il y a là un massif montagneux surgissant à 7° environ de la chaîne littorale, se courbant fortement vers le midi, envoyant de grands ouadis vers le nord, s'abaissant au sud sur une curieuse dépression où plusieurs vallées viennent se croiser, ayant enfin des sources remarquables. Pour les autres montagnes, les tables se contentent de dire qu'elles versent des rivières ; ici, ces tables signalent deux sources dont la position précise est indiquée, et qui devaient être une sorte de curiosité. Nulle part ailleurs on ne voit rien de semblable.

Tous ces traits sont tellement précis qu'il est impossible de ne pas reconnaître dans les monts Girgiri, de Ptolémée, le Tibesti de nos cartes modernes. Quoique le Tibesti ne soit qu'imparfaitement connu, on sait qu'il est situé à 7° environ de la chaîne littorale du Djebel Haroutch, qu'il a un massif volcanique s'élevant à 2.400 m., que ses grandes vallées courent vers le nord ; qu'il se déroule longuement vers le midi ; qu'il s'abaisse de ce côté sur une dépression qui constitue un des traits les plus curieux de la géographie africaine, enfin qu'il possède, du côté de l'ouest, une belle source que les habitants gardent avec un soin jaloux. Quant à la portion orientale où doit se trouver la seconde source, elle est entièrement inconnue, car le Dr Nachtigal à qui l'on doit les seuls renseignements que l'on possède sur ce pays, a été arrêté à Bardaï. Mais, entre le Tibesti et le Girgiri, la ressemblance est tellement frappante qu'on peut, avec certitude, affirmer l'identité des deux pays.

On peut même voir tout de suite l'importance de ce pays, comprendre pourquoi les Garamantes y avaient mis le centre de leur empire, et s'expliquer les avantages de la route qui le traversait. La voie garamantique, si l'on regarde les terres qu'elle rencontrait, se divisait en trois sections naturelles, la section maritime au nord, de Leptis à la chaîne du Zouchabbari; la section centrale entre le Zouchabbari et le Girgiri; enfin, la section méridionale entre le Girgiri et le lac Libyen, qui n'était pas autre chose que le Tchad de nos cartes modernes. Dans la section septentrionale ou maritime, on sait que cette route devait rencontrer à peine quelques cantons arides. Dans la section méridionale, entre le Tibesti ou Girgiri et le lac Libyen ou Tchad, pour les anciens, comme pour les modernes, le pays offrait une ligne presque continue de vallées habitées ayant de l'eau et de l'herbe, c'est-à-dire où les voyageurs pouvaient se ravitailler sans trop de difficulté. En réalité, le Tibesti, qui se rattache au Soudan par le bassin du Bahr-el-Ghasal, est comme un prolongement septentrional des terres fertiles qui constituent l'Afrique centrale, et les caravanes qui s'y rendent du littoral de la Méditerranée, en ont presque fini avec le désert, dès qu'elles ont atteint le 21° ou même le 22° de latitude nord.

Pour la section du centre, du Zouchabbari au Girgiri, la route y rencontrait sans doute le désert, mais les difficultés devaient y être fort abrégées par les grands ouadis du Cinyph qui ne sont pas sans analogie avec la vallée de l'Igharghar, autant qu'il est permis de juger un pays que personne n'a revu dans les temps modernes. C'est sur cette section centrale qu'étaient échelonnés les puits dont parle Pline, et auxquels Ptolémée fait allusion dans sa préface. C'est aussi là que sont les pyramides ornées d'inscriptions qui servaient à jalonner la route.

Tous ces faits conduisent à une conclusion bien précise, c'est que la voie garamantique, aujourd'hui fermée aux communications, parce que les Tebous ont voulu se mettre à l'abri des razzias partant de la côte, cette voie qui fut la grande route commerciale de l'Afrique intérieure, est la plus courte, et, très probablement, la plus facile de celles qui conduiront de la Méditerranée dans l'Afrique centrale. Ouvrir cette voie à un commerce honnête qui ira rassurer la population et détruire la traite des esclaves, doit être un des premiers buts des explorations qui se dirigent vers l'intérieur de l'Afrique.

Les privilèges du Girgiri expliquent en même temps l'importance de l'empire des Garamantes. Celui-ci était véritablement le maître de tout le commerce des pays situés entre le Nil et le Sénégal.

Aussi on comprend que les Romains, après avoir battu les Garamantes dans deux guerres, soient devenus plus tard leurs alliés et leurs protecteurs. Pour s'attacher leurs amis d'Afrique, ils n'hésitèrent pas à entreprendre deux expéditions lointaines très curieuses, dont le caractère sera indiqué plus loin, mais dont les détails ne peuvent trouver place dans cette étude abrégée.

Les Garamantes avaient mis leur capitale dans une vallée intérieure du Tibesti, entre les deux vallées ou les deux ouadis formés par le Cinyph supérieur. La vallée occidentale est celle du Bardaï, qui a environ un quart d'heure de traversée, et qui doit se développer sur une longueur de trois journées de marche. Quand on l'a franchie, on arrive à une deuxième vallée, celle d'Aozo, où, d'après des renseignements recueillis en 1866 par M. Rohlfs, on trouve une ville ruinée que les indigènes nomment Araba ou Araby. Cette Araba doit être l'ancienne Garama. Ce qui le prouve, ce n'est pas seulement que la position d'Araba concorde avec la place assignée à la capitale des Garamantes par Ptolémée, c'est aussi le renseignement très curieux qui fait aboutir à Araba la ligne de bornes milliaires partant d'Ouaou-Squair. Ces faits et les preuves déjà données dans la brochure sur *la Première école de géographie astronomique*, dispensent de discuter l'opinion qui place Garama à Djerma.

Quant aux Garamantes eux-mêmes, il faudrait de longs détails si l'on voulait raconter leur histoire, faire connaître leur origine et dire comment leur empire est tombé. Sur ces questions multiples quelques grandes indications doivent suffire pour le moment.

D'abord il faut reconnaître que l'antiquité, comme la géographie moderne, distinguait deux races dans l'empire des Garamantes, des Éthiopiens barbares et des Libyens de race blanche. Ceux-ci étaient les vrais Garamantes, et ils appartenaient à cette race supérieure qui donnait à tous ses fleuves le nom de Gir. C'est d'ailleurs le même radical que l'on trouve dans le nom de Girgiri, qui désigne un pays riche en eau, et la racine de Garama doit se rattacher à la même origine. Ces Garamantes avaient fondé un vaste empire qui s'étendait du Darfour à Insalah, pour employer les noms modernes, ou du Pharax à Silicé d'après l'ancienne géographie. Le noyau de leurs vastes domaines étaient les deux beaux massifs du Ahaggar et du Tibesti, les deux contrées les plus riches du Sahara.

Cet empire, après des vicissitudes qu'il est difficile de suivre, a fini par disparaître devant les invasions arabes et aussi, peut-être, devant les insurrections des noirs ou des hommes à couleur foncée comme les Tebous. L'ancienne aristocratie et les chefs de race blanche ont reculé devant ces attaques qui arrivaient par le nord, et se sont repliés vers le midi du côté du Kanem, où on doit les retrouver aujourd'hui. Ces émigrés du Nord qui ont perdu leur ancien domaine et aussi leurs anciennes traditions, effacées par le mahométisme, n'ont cependant pas oublié entièrement leurs vieux souvenirs nationaux, car ils savent encore que les chefs de leur nation étaient de race libyenne. Nous compléterons leurs souvenirs et nous verrons que les races supérieures de l'Afrique étaient européennes et qu'elles venaient des pays où de nombreuses rivières s'appellent encore des Ger ou Cher, comme les fleuves de l'Afrique centrale.

III

C'est sur la troisième route africaine, sur celle qui partait du Nil pour aller rencontrer, à l'est du Girgiri, la vallée du Ger oriental, que l'on retrouve les plus anciens et les plus curieux souvenirs de la race libyenne. Sur cette voie orientale le point de départ était double. Il y avait une route qui partait d'Alexandrie et qui conduisait à Audjila, car la distance entre ces deux points est la même dans les tables de Ptolémée et dans les cartes modernes. C'était par là que passaient les caravanes de marchands. Un second point de départ était le bassin de Mœris, le Fayoun moderne, qui était relié avec Ammon ou Siouat par une route dont les distances sont encore exactes. C'était par cette voie qu'arrivaient les provisions de blé destinées aux oasis du désert de Libye, car le Fayoun a toujours été un grenier de la terre égyptienne. Les deux routes allaient ensuite se rejoindre vers le massif du mont Azar, qui doit correspondre à l'oasis de Koufara, comme l'indiquent les distances et la position de cette oasis. Il semble même que cette terre des Azari n'a pas perdu entièrement le souvenir de ceux qui l'habitaient autrefois, puisque le centre de l'oasis a une localité appelée El-Hawwari.

Mais c'est là tout ce qu'on peut dire de cette contrée qui n'a jamais été vue par un voyageur moderne, et qui a perdu ses derniers habitants indigènes depuis 1813. Aujourd'hui elle est probablement occupée par des musulmans de la secte des Snussi, qui sont maîtres des oasis du désert de Libye, depuis les oasis de Ouaou jus-

qu'au Nil. Avec les Azari ont disparu également les populations des
huit autres tribus que les tables mettaient à côté d'eux et des Augiliens, sur les deux branches du chemin qui venaient du nord. Mais
les tables laissent un grand vide entre ces routes et l'Égypte moyenne,
ce qui prouve qu'il n'y avait pas de chemin dans cette portion du
désert de Libye que M. Rohlfs a explorée en 1874.

Au sud du mont Azar, dans la section centrale, la voie égyptienne
ou orientale, traversait une étendue de 4° environ, qui devait être
en grande partie déserte, car les tables n'y mettent absolument
rien, ni montagne, ni ville, ni aucune tribu. Mais, au-delà de ces
solitudes, et à la hauteur du Girgiri, elle arrivait à une vallée particulièrement riche, qui montrait d'abord le grand lac ou le grand
marais des Chélonides ou des Tortues, et qui se développait ensuite
sur une longueur de 8° environ, soit près de 900 kilomètres, parcourue dans toute cette étendue par un immense ouadi ou par une
belle rivière, le Ger oriental, qui devait être aussi grand et aussi
beau que le Bagradas supérieur ou l'ouadi d'Igharghar, puisqu'on y
trouvait une série de stations comptant cinq villes.

Sur toute cette section méridionale de la route orientale, comme
sur les deux autres sections, la géographie contemporaine n'a guère
que des renseignements confus. Cependant de nombreuses indications prouvent que les renseignements fournis par les tables de Ptolémée sont exacts. Ainsi, il est tout naturel de croire que le massif
du Tibesti, épais et élevé comme on le connaît, doit verser une
quantité d'eau considérable du côté de l'est dans le bassin du lac
des Tortues et dans la vallée où les anciens mettaient le Ger oriental. Cette dernière vallée s'ouvre certainement entre le massif du
Tibesti et celui de l'Ennedi, mais il est probable que cette vallée es
partagée en deux par une espèce de seuil central, qui sépare le
versant du nord ou du lac des Tortues du versant méridional ou du
Bahr-el-Ghasal. Ces deux portions de la vallée du Ger étaient con-
sidérées comme appartenant au même ouadi, et cela est d'autant
plus probable que les explorateurs de l'Afrique intérieure avaient
relié également les deux rivières de Komadongou et de Sokoto,
dont le lit s'étend entre le lac Tchad et le Niger. Pour toutes ces rivières dont le cours est en partie souterrain, car c'est là le caractère
des ouadis, une pareille erreur est des plus naturelles.

Mais un point sur lequel il ne peut y avoir aucun doute, et qui
prouve la merveilleuse exactitude des tables, c'est la description de

cette cuvette centrale où le Ger oriental venait rencontrer le Ger occidental au sud du massif du Girgiri. Ce bassin est tellement curieux, qu'il était absolument impossible de comprendre la description de Ptolémée avant que le Dr Nachtigal eût visité la dépression du Bahr-el-Ghasal, et qu'il est impossible aujourd'hui de ne pas voir la concordance de la carte ancienne et de la carte moderne de ce bassin. Ce qui complète la ressemblance, c'est que la station ancienne de Toucrounnouda, qui était vers le centre de la cuvette et au sud d'Ischerei, se trouvait à 7° environ du lac Libyen, comme Tongour, la station moderne qui est au centre du bassin et au sud de Kirri, se trouve aussi à 7° environ du lac Tchad.

Il y a cependant quelques différences entre la carte ancienne et la carte moderne. Ainsi les anciens n'avaient pas suivi la rivière qui reliait le bassin de Toucrounnouda avec le lac Libyen. C'est que la contrée traversée par cette rivière et la rive orientale du lac étaient le domaine d'une race ennemie des Garamantes, des Africains rouges dont les voyageurs ne savaient pas même le nom, et dont les descendants existent encore dans l'Afrique centrale. Une seconde différence, c'est que l'orientation du Ger de l'est et de la route d'Audjila, n'est pas entièrement correcte dans la carte ancienne qui courbe trop ces lignes dans la direction de l'ouest. Cette erreur tenait à la difficulté insurmontable que rencontraient les anciens pour raccorder toutes les pièces d'une carte, puisque leurs instruments ne leur donnaient pas des déterminations précises. Après des tentatives infructueuses, mais très intéressantes à suivre, les astronomes d'Alexandrie n'avaient pu déterminer la différence de longitude d'Alexandrie et de Tanger, et ils avaient donné aux côtes de la Méditerranée un développement exagéré. Cela les obligeait à courber toutes les lignes de l'intérieur, comme la route d'Audjila, et à les infléchir fortement vers l'ouest, pour les mettre d'accord avec le tracé du littoral sans modifier les distances mesurées sur les routes.

Mais, quelles que soient les erreurs commises par les anciens dans le relevé de la carte d'Afrique, et quoique le désert de la Libye nous soit trop inconnu pour discuter tous les détails de la route d'Audjila, on peut dire avec certitude, que cette route est exactement décrite dans les tables de Ptolémée pour ce qui regarde la configuration du sol, les distances, les stations et l'énumération des tribus dont elle traversait le territoire. Elle est trop exacte, sur les points qu'on peut vérifier, pour qu'on l'accuse d'erreur sur ceux qui échappent encore à notre examen. Quant au rôle historique de cette route orientale dans les communications entre l'intérieur et le littoral de la Cyrénaïque ou de l'Egypte, il est démontré par une série de faits qui écartent toute espèce de doute, et qui amènent aux conclusions les plus importantes. Nous touchons ici aux événements les plus anciens, les plus indiscutables de l'histoire d'Afrique à des faits qui tiennent même une place considérable dans l'histoire de l'humanité. Voici en quelques mots l'exposition de ces faits.

En premier lieu, il est établi que le nom de Libye intérieure donné à tous les pays du Sahara s'étendant entre le Nil et l'océan Atlantique, et au Soudan septentrional jusqu'aux sources du Chari, qui a conservé presque intact son vieux nom de N'ger, il est établi que ce nom, s'appliquant à la moitié du continent africain, n'est pas seulement une expression géographique, mais qu'il rappelle un grand fait historique, la conquête de ces contrées par la race libyenne qui y établit sa domination et qui en garda la domination pendant de longs siècles. Si l'on veut chercher des preuves de ce fait en dehors de la géographie de Ptolémée, on en trouvera de nombreuses dans les historiens arabes et dans les traditions recueillies par les voyageurs modernes. Il suffira de rappeler que l'empire de Garho dont le nom est essentiellement libyen, et qui fut un des plus puissants de l'Afrique du moyen âge, fut d'abord régi par des dynasties libyennes. C'est Léon l'Africain qui nous l'apprend.

Un second fait également curieux, c'est que les aristocraties libyennes de l'intérieur de l'Afrique dont les représentants vivent encore, ont conservé le souvenir de leurs anciennes migrations, et rappellent qu'elles sont venues du nord en partant d'Audjila. Aussi ce pays d'Audjila est-il fameux dans les légendes de l'Afrique intérieure, qui le désignent comme le berceau d'où l'on serait venu dans les anciens âges, et qui l'entourent de souvenirs poétiques. Ainsi une tribu de l'Asben s'appelle encore la tribu des Augiliens. A côté d'eux, les Gères les anciens maîtres de l'empire de Geira situé au nord du lac Libyen, et qui se sont enfuis vers l'Aïr, ne gardant de leur puissance d'autrefois que leur vieux nom national, ces Gères racontent également que leurs pères étaient partis d'Audjila. D'autres cependant, comme les nobles du Kanem et du Bournou, désignent une terre en-deçà d'Audjila comme leur ancienne patrie, mais sans en déterminer la position, et en la mettant toujours du côté nord. Cette vieille patrie des Libyens réfugiés vers le lac Tchad, cette terre située en-deçà d'Aujdila, était le pays de Girgiri, et ils sont eux-mêmes les descendants des Garamantes.

En face de ces faits établis par de nombreux témoins, par des écrivains et des voyageurs qui ne se sont pas adressés aux mêmes sources, nous arrivons à ces deux conclusions bien nettes, bien précises, c'est que le pays appelé Libye intérieure par Ptolémée a été véritablement conquis par des Libyens, et que ces Libyens avaient pénétré dans le centre de l'Afrique en partant des régions situées entre le Nil et la grande Syrte, et en suivant les deux routes d'Audjila et de Girgiri. Nos recherches sont donc ramenées dans la Libye propre située à l'ouest de l'Egypte, et c'est là que nous allons voir qui sont ces Libyens dont l'Afrique intérieure était devenue le domaine.

Arrivés à ce point, nous tombons au milieu de ces curieuses annales égyptiennes qui ont été écrites sur les murailles de Thèbes, et qui nous racontent la vieille histoire des Libyens, leur ancien séjour sur les terres de l'Europe occidentale, leurs expéditions maritimes à travers la Méditerranée, leurs tentatives contre l'Egypte, et leur défaite arrivée vers le XIVe siècle avant notre ère, défaite qui les refoula dans les terres situées entre le Nil et la grande Syrte.

Alors on comprend comment cette race d'origine européenne, armée d'une civilisation supérieure, entraînée par cette impulsion guerrière qui l'avait attirée vers l'Orient, et resserrée sur une terre où elle ne pouvait vivre, s'est jetée dans le centre de l'Afrique pour recommencer de nouvelles et lointaines expéditions sur ce continent.

Mais ce n'est pas tout. Après avoir remonté les routes des Libyens depuis les sources du Chari ou les bords du Niger jusqu'au voisinage de la Cyrénaïque et après avoir appris que ces peuples venaient de l'Europe occidentale, il faut aller plus loin encore, et trouver le pays de l'Europe qu'ils avaient quitté avant de partir pour l'Orient. Ici encore nous avons des renseignements très précis. Pline nous apprend que deux embouchures du Rhône s'appelaient libyques et ce fait nous désigne déjà la Gaule méridionale. En effet, d'après le témoignage du géographe Philéas qui vivait au Ve siècle avant notre ère, les riverains du Rhône racontaient que ce fleuve avait été autrefois la limite de la Libye.

Alors une conclusion rigoureuse, précise, nous montre les pays de la Gaule méridionale comme ayant appartenu autrefois aux Libyens. Or, dans cette Gaule du Sud, habitée par des Libyens qui donnaient à leurs rivières le nom de Ger, de nombreux cours d'eau s'appellent encore des Ger, Gière, Cher, Gironde, Garonne. Il est donc certain, incontestable, que ces rivières portent le même nom que les rivières du continent africain appelées Cherri, Niger, Ger, Igharghar ; il est certain aussi que la même race libyenne a laissé cette dénomination sur la carte d'Europe et sur la carte d'Afrique ; enfin, il est logique d'admettre que les vieux noms de nos rivières ont été conservés parce qu'une partie des Libyens de la Gaule avaient refusé de suivre leurs frères du côté de l'Orient, ou n'avaient pas trouvé de place sur la flotte qui emportait les futurs conquérants de l'Afrique.

Ici, en face de ce grand résultat, on n'a pas encore atteint les dernières limites de ces recherches, car on pourrait suivre plus loin dans le passé cette curieuse race libyenne, savoir d'où elle venait dans le principe et examiner à quelle branche de la famille humaine elle appartenait. Mais il faut écarter tous ces problèmes, de même qu'il est impossible de suivre les Libyens d'Afrique à travers les siècles, jusqu'à la ruine des empires qu'ils avaient fondés, pour retrouver aujourd'hui les descendants de ces vieux Européens, leur indiquer de nouvelles entreprises plus glorieuses que celles de leurs pères et les associer à la grande œuvre qui doit sauver l'Afrique. Il faut bien arriver à la conclusion de cette étude, qui n'est qu'un résumé sommaire de recherches fort longues.

IV

Après avoir vu les routes qui traversaient le désert, cette recherche resterait sans conclusion, si l'on ne voyait pas où ces routes conduisaient les marchands d'Alexandrie et de Leptis, et si on ne les suivait pas dans le Soudan. Cependant cette dernière étude sera plus rapide encore que les précédentes, car elle demanderait un volume, si l'on voulait discuter les nombreux renseignements que Ptolémée avait réunis sur ce pays.

Dans le Soudan, toute la portion de cette contrée qui s'étend entre le lac Tchad et le For ou Darfour, était fermée au commerce des

Romains et des Garamantes. On le sait positivement, puisque ces deux peuples furent amenés à déclarer la guerre aux populations situées au sud de l'empire garamantique. Il y avait là des Africains rouges ou Éthiopiens couleur de feu, et des Nubiens de race libyenne, bien différents des Nubiens noirs originaires des pays situés àl'est du Nil ; et l'on retrouve encore aujourd'hui les descendants de ces différentes races. Ces populations, hostiles aux commerçants du Nord, n'avaient pas permis aux explorateurs venus par Audjila de pénétrer jusqu'au For et de relier les routes de l'intérieur avec celle du Nil, en sorte que les tables présentent ici une lacune qui se reconnaît au désaccord des différents itinéraires. Le pays du For, dont le nom était devenu Pharax et ensuite Pharanx (défilé), par une association d'idées facile à suivre, appartenait à un itinéraire partant de la haute Égypte.

Dans leurs luttes contre les Garamantes, les populations du Midi s'étaient mises sous la direction d'un grand empire nègre nommé Agisymba et situé vers 16° de latitude sud d'après Ptolémée. Sans entrer dans aucune discussion au sujet de ce pays, l'auteur de cette étude se contente de dire qu'il partage l'opinion de notre illustre géographe d'Anville, et que l'Agisymba des anciens est le royaume de Cazembe, dont les débris existent encore, et qui fut tout-puissant jusqu'à la fin du moyen âge. C'est seulement avec cette interprétation, qui est d'ailleurs conforme au texte de Ptolémée, que l'on explique les deux expéditions entreprises par les Romains contre les populations de l'Afrique centrale, et dont la seconde compta 120 journées de marche et exigea de longs préparatifs dont l'oubli avait fait échouer la première tentative.

Il fallait qu'il y eût un intérêt considérable en jeu pour faire entreprendre ces courses lointaines, et cet intérêt on le comprend, dès qu'on voit la direction de la ligue africaine prise par le royaume de Cazembe. Ce pays, placé sur les routes qui partaient de Rhaptum, c'est-à-dire du littoral appartenant aujourd'hui à Zanzibar, avait pris dans le Midi le même rôle que les Garamantes dans le Nord, et ses habitants étaient les intermédiaires obligés du commerce oriental ou arabe, comme l'empire de Garama était l'intermédiaire du commerce septentrional ou romain. Au fond il s'agissait véritablement d'une lutte entre deux influences et deux civilisations, la civilisation et le commerce européens arrivant par le nord avec les Romains, et la civilisation asiatique pénétrant par l'est avec les Arabes. C'était une première phase de cette rivalité qui continue aujourd'hui, et dans laquelle l'influence orientale a toujours eu le dessus jusqu'ici. On sait ce que cette influence de l'Orient a apporté à l'Afrique, et combien il est pressant d'ouvrir ce pays à la civilisation européenne.

Au point de vue purement géographique, les expéditions romaines dirigées contre Agisymba montrent que le grand chemin de Garama et du Tibesti se continue jusque dans le centre de l'Afrique équatoriale, et que cette route est la plus directe pour mettre l'Europe en communication avec le haut Congo, avec cette région des grands lacs où va commencer l'œuvre qui sauvera les Africains.

Une seconde voie qui conduisait les anciens dans l'Afrique équatoriale, était celle qui pénétrait par l'ouest du lac Libyen en remontant la vallée du Chari. Tout est inconnu dans cette direction. Cependant il faut faire une observation sur les détails donnés par les tables concernant cette route centrale. Quoique le pays appartînt encore aux Libyens, les explorateurs venus du nord n'y avaient signalé aucune ville, mais seulement des tribus. Les villes les plus méridionales, dans cette direction, se trouvaient sur le rebord septentrional du Soudan, sur la route qui conduisait du lac Libyen au Niger.

A l'occasion de ces villes et de toutes celles de la Libye intérieure, on doit se rappeler que la constitution géologique de l'Afrique centrale est peut-être pour beaucoup dans l'état d'infériorité dans lequel ce pays est resté. En effet, sur une vaste étendue de ce continent, on ne rencontre nulle part de pierres calcaires, sans quoi il est impossible de faire de la chaux, c'est-à-dire d'avoir de véritables maisons. Alors on doit se contenter d'avoir des huttes de terre ou de bois dans lesquelles les arts n'ont pas de place, et avec lesquelles le progrès est condamné à s'arrêter bientôt. Cette situation explique aussi pourquoi les monuments matériels des anciens âges ont dû disparaître dans la plupart des régions de la Libye intérieure.

Cependant la route principale ne se dirigeait pas du côté du midi, mais du côté de l'ouest, à partir de Geira, où se réunissaient les deux voies de Leptis et d'Alexandrie. Geira était la capitale d'un État libyen situé au sud de l'empire des Garamantes et s'étendant sur une partie du bassin du Ger. Le pays où elle s'élevait et qui

avait une importance exceptionnelle, parce que les routes arrivées
du nord et du nord-est venaient s'y rencontrer avec celles du sud et de
l'ouest, a été particulièrement dévasté par les guerres. Il corres-
pondait en partie au Kanem et au Bournou. Mais, si l'empire des
Gères a disparu depuis longtemps, on sait que les Gères eux-mêmes
ont laissé des descendants qui habitent l'oasis d'Asben. C'est même
là le côté intéressant des régions qui s'étendent entre le lac Tchad
et le Niger; elles ont reçu les débris des aristocraties libyennes
refoulées par les invasions venant du nord. Outre les descendants
des Garamantes, qui sont dans le Bournou, et les Gères, qui habitent l'Asben, les N'gares établis dans la vallée du Chari gardent le
nom des Libyens du Nigeira.

Ce dernier pays, qui formait un empire presque aussi puissant
que celui des Garamantes, s'étendait surtout dans la direction du
Niger. Mais il est impossible de revenir ici sur la description
de ce royaume, qui a été en grande partie exposée dans une
étude antérieure (*Doctrina Ptolemœi ab injuria recentiorum vin-
dicata*); il est plus nécessaire de connaître où aboutissait la
route qui le traversait. Cette route, qu'on peut suivre de station
en station, dans la direction de l'ouest, allait franchir le Niger
pour longer les pentes septentrionales du massif d'où sort le fleuve
et où l'on exploitait des mines d'or; tandis qu'elle laissait du côté du
nord la vallée centrale où se trouve aujourd'hui Timbouctou et où
les Libyens du Nigeira fondèrent le royaume de Garho après la chute
de leur premier empire. Elle traversait une seconde fois le Niger
vers le lac Débo, que les anciens appelaient le lac Nigrite, et pénétrait dans un bassin occidental, où l'on trouvait les Sérangai, connus
plus tard sous le nom de Zénagas, qu'ils ont donné au Sénégal, et
les villes de Tagant et de Thouélat, appelées Tagat et Oualata dans
la géographie moderne. La seconde de ces places, qui a été longtemps fameuse dans le commerce de l'Afrique centrale, voyait
arriver sur son marché, en même temps que les négociants de
Leptis et d'Alexandrie, ceux de l'Atlas occidental et ceux de Cadix,
qui allaient par mer dans la vallée du Daras, dont le nom a été rem-
placé plus tard par celui de Sénégal.

Pour comprendre ce grand concours de marchands étrangers
attirés vers les côtes occidentales de l'Afrique, il faut se rappeler que
le haut Sénégal traverse des régions aurifères longtemps célèbres
dans la géographie de l'Afrique, quoique ces gisements, situés aux

portes de notre colonie, soient inconnus aujourd'hui. L'auteur de cette étude a réuni une partie des documents modernes qui concernent ces mines d'or, dans son livre intitulé : *André Brüe, ou l'origine de la colonie française du Sénégal* (Paris, Guillaumin); et il faut se rappeler qu'elles comptent encore pour beaucoup dans le commerce indigène de l'Afrique intérieure. Ainsi, Barth nous apprend que la poudre d'or formait le principal article du commerce de Timbouctou à l'époque de son passage dans cette ville, et que cet or venait en grande partie du Bambouk ou du haut Sénégal et de la contrée voisine, le Bouré. Mais, à cette époque, la situation précaire du pays en avait fait baisser la vente annuelle au-dessous de 750 000 francs. Cet or, que les anciens allaient chercher sur les terres de l'Afrique occidentale, et qui se trouve dans le massif compris entre le Niger et le Sénégal, comptera certainement dans les ressources mises à la disposition des races africaines le jour où elles accepteront la civilisation de l'Europe.

Ici, en terminant cette étude, qui est déjà fort longue, mais qui est loin d'être complète, il faudrait donner la géographie routière de l'Afrique du Nord, et décrire les voies qui y amèneront le commerce honnête et le progrès : la grande route partant du Maroc et s'ouvrant en face de l'Espagne; la belle voie de l'Igharghar, débouchant de l'Algérie et réservée au commerce français; la route des Garamantes, qui a sa tête de ligne en face de l'Italie; le chemin de la Cyrénaïque et d'Audjila, qui part de la Méditerranée hellénique; la belle voie qui commence sur le Sénégal et longe le rebord septentrional du Soudan, de l'Atlantique à la mer Rouge; il faudrait montrer toutes les nations de l'Europe intéressées à cette conquête morale de l'Afrique, qui les payera bientôt par de riches produits et qui commencera par enrichir la Méditerranée en rendant la prospérité à toute la côte méridionale de cette mer.

Mais au lieu de ce vaste tableau, qui serait trop grand pour le cadre de cette étude, il faut terminer ces recherches par une dernière observation sur la route du Tibesti.

Cette route, où il y a de si belles découvertes historiques à faire, et qui est la plus courte aussi bien que la plus rapide pour pénétrer dans l'intérieur de l'Afrique, sera en même temps la plus facile à ouvrir, malgré les dévastations qui l'ont ensanglantée, ou plutôt à cause de ces dévastations même qui l'ont fermée au commerce. En effet, tout le long de cette voie qu'ont traversée les guerres, que les bandes musulmanes parties du littoral ont couverte de ruines, il y a des malheureux aigris par la douleur, ennemis mortels du commerce musulman qui a armé contre eux les chasseurs d'esclaves, des populations qui souffrent et qui sont prêtes à recevoir les Européens, lorsque les explorateurs partis de l'ancienne patrie des Libyens viendront leur apporter la sécurité, avec un commerce honnête et la vraie civilisation européenne. Sur cette route, il y a donc à recueillir de beaux profits, à suivre de belles recherches scientifiques, et, ce qui vaut mieux, à faire le bien.

E.-F. Berlioux,

PARIS. — IMPRIMERIE EMILE MARTINET, RUE MIGNON, 2.

V

Des faits récents accomplis pendant que la première édition de cette étude était sous presse, sont venus démontrer qu'il fallait à ces recherches un complément nouveau. L'expédition du Dr Rohlfs a été arrêtée sur la route d'Audjila ou des Libyens, comme elle avait été arrêtée sur la route du Tibesti ou des Garamantes, et elle a même reculé jusqu'à Bengasi sur le littoral de la Cyrénaïque, en sorte qu'elle n'a pu faire une seule étape dans la portion inconnue du Sahara oriental. Après six mois de tentatives inutiles, elle en est encore, on peut le dire, à son point de départ. Aussi le voyageur allemand rentre en Europe tout découragé, laissant au Dr Stecker la direction de l'entreprise dont il s'était chargé.

Comme il l'annonce lui-même aux Mittheilungen de Gotha, les obstacles qui l'ont arrêté, viennent surtout de l'hostilité des populations. Les affiliés de la secte des Snoussi (Snussi), ferment aux explorateurs les chemins du Sahara oriental.

A ces mahométans fanatiques se sont joints aussi les Arabes Souya qui gardent la route de Koufra. C'est là un obstacle plus redoutable que les difficultés matérielles du désert. Mais cette hostilité des indigènes paraît encore plus grave lorsqu'on voit le même fait se reproduire sur toutes les routes de l'Afrique du nord.

Partout les voyageurs européens rencontrent des difficultés presque insurmontables quand ils veulent pénétrer dans l'Afrique intérieure en partant du littoral de la Méditerranée.

Si cinq ou six explorateurs ont pu franchir le Sahara en partant de Tripoli, jamais aucun Européen n'a pu effectuer cette traversée en prenant pour point de départ le Maroc, l'Algérie ou la Tunisie ; jamais personne n'a franchi le Sahara oriental, et la route de Tripoli elle-même n'a jamais été ouverte au commerce de l'Europe. On peut donc dire, d'une façon absolue, que toutes les routes africaines s'ouvrant en face de l'Espagne, de la France et de l'Italie, sont complètement fermées aux étrangers. Il faut ajouter aussi qu'elles sont fermées pour longtemps encore.

Quand même le Dr Stecker parviendrait à réaliser les projets de M. Rohlfs, à retrouver, dans la direction d'Audjila ou dans celle de Ouaou, une des voies qui conduisaient les anciens dans l'Afrique centrale ; quand même il découvrirait le lac des Chénolides et la grande vallée que le Ger arrosait sur une étendue de 900 kilomètres, ou quand il atteindrait les ruines de Garama, il est certain que cette découverte serait inutile, si l'on ne parvenait à ouvrir ces routes à des communications régulières, et si les voyageurs de l'Europe n'y trouvaient pas la sécurité. Or, à cet égard, il n'y a aucune illusion possible. Il y a près d'un siècle que l'on travaille à dégager les routes de l'Afrique du nord, et toutes les tentatives ont échoué. Les efforts de la politique n'ont pas mieux réussi que les essais des voyageurs isolés. Les populations qui occupent le littoral de la Méditerranée ou qui entourent la colonie algérienne, ont pu être battues, signer des traités, prendre des engagements solennels; jamais elles n'ont permis aux voyageurs de l'Europe de traverser leur domaine, et elles ne le permettront jamais.

Il y a entre elles et les Européens une hostilité irréconciliable qui tient à des causes multiples, et qui ne disparaîtra pas sans une transformation complète de leur part. Elles détestent les hommes de l'Europe comme des étrangers, comme des concurrents commerciaux, comme des ennemis de leur foi mahométane, et cette haine ne disparaîtra que le jour où le mahométisme aura disparu lui-même. C'est surtout à l'intérieur, dans les pays où les Etats chrétiens ne peuvent avoir d'action directe par les armes ou par les menaces, que cette hostilité est redoutable. Là, sur la frontière ethnologique et religieuse qui sépare les populations musulmanes des races païennes et qui forme une ligne allant de l'Atlantique à la mer des Indes, il y a une vaste zone habitée par des mahométans qui font la chasse à l'homme au nom de leur foi, qui vivent de pillage, et dont le trafic principal est celui des esclaves. Pour ces barbares, le commerce européen qui supprime l'esclavage, qui refuse la marchandise humaine et qui interdit le brigandage, le commerce honnête devient une ruine, et le commerçant un ennemi. Cette hostilité est encore ravivée par le travail des sociétés secrètes musulmanes qui étendent leur action sur toute l'Afrique du nord, des bords du Nil au Maroc, et qui y entretiennent le fanatisme avec la haine de l'étranger. L'avenir le démontrera aux plus aveugles.

Tous ces faits, dont il est impossible de nier l'exactitude, prouvent jusqu'à l'évidence que les routes du nord sont impraticables, et cependant, d'un autre côté, ces routes sont indispensables au commerce européen, et il faut les ouvrir au plus tôt. C'est une nécessité qui devient pressante. Il est nécessaire d'ouvrir l'Afrique intérieure à l'influence de l'Europe, d'en protéger les populations contre les horreurs de la traite, d'en mettre les richesses à la disposition du commerce, et pour cela il faut des voies de communication qui relient directement l'Afrique centrale avec les côtes de la Méditerranée. Cela veut dire que le problème présenté aux géographes est double et demande deux solutions. Il faut tout à la fois retrouver les routes du nord et gagner les populations qui en ont la garde, faire en même temps des découvertes géographiques et une conquête morale. Telle est la dernière forme qu'il faut donner au problème africain, si l'on veut en trouver la solution complète et définitive (1).

C'est cette solution qu'il s'agit d'indiquer ici, non pas en détail, mais d'une façon générale, sauf à la reprendre plus tard si une nouvelle étude devient nécessaire. Dans cette dernière recherche, il faudra s'éloigner du Sahara et s'enfoncer dans l'Afrique intérieure en suivant l'ancienne voie qui conduisait de l'empire des Garamantes dans celui d'Agisymba. Le long de cette route, on fera encore de précieuses trouvailles avec les indications de la géographie ancienne, mais les re-

---

(1) Le rapport du ministère des travaux publics sur les explorations à entreprendre dans l'Afrique du nord, ne traite la question qu'au point de vue géographique et laisse de côté tout ce qui concerne les populations du pays et les obstacles qu'elles peuvent opposer aux projets français.

C'est seulement quand ces obstacles auront disparu que les routes du nord deviendront praticables.

Entre ces routes, il en est une qui est particulièrement inconnue aux géographes modernes et dont la tête de ligne est dans le Ahaggar, en face de l'Algérie. C'est l'ancienne voie qui suivait la vallée du Ger et dont l'auteur indique la direction un peu plus loin.

Pour la belle voie qui part du Sénégal et les mines d'or qu'elle traverse, on trouvera peut-être aussi des renseignements peu connus dans le livre intitulé : *André Brüe*.

cherches d'érudition n'y tiendront que la seconde place. La première sera réservée à des questions d'un ordre supérieur.

La route qui allait du pays des Garamantes à celui de l'Agisymba, c'est-à-dire du Tibesti au Cazembe qui est situé vers le 10° de latitude sud, n'a pas été décrite en détail par Ptolémée parce qu'elle était fermée au commerce. Elle n'avait été parcourue que par deux petites armées romaines, et le rapport des chefs qui commandèrent ces expéditions ne suffisait pas pour dresser une carte du pays. C'était à l'époque des Antonins. La première expédition, qui partit de Garama et qui avait pour chef Septimus Flaccus, mit trois mois pour atteindre, dans la direction du sud, la limite des pays habités par les Éthiopiens ou par la race nègre. Il paraît que cette première campagne ne donna pas des résultats bien satisfaisants, car une seconde expédition fut organisée bientôt après, non plus à Garama mais à Leptis, où les Romains avaient leur principal centre d'approvisionnement. Le commandement en fut confié à J. Maternus. Celui-ci, accompagné par les Garamantes qui lui servaient de guides et d'auxiliaires, alla beaucoup plus loin vers le midi, et arriva à Agisymba après quatre mois de marche. La ligue méridionale fut vaincue. Cependant, après le départ des Romains, le chemin du sud fut refermé par les Africains rouges et par les Nubiens. Alors les commerçants alexandrins essayèrent de pénétrer dans les régions méridionales en partant de la vallée du Nil, et ils établirent des stations de commerce dans la contrée qui s'étend entre le Nil, le Congo et le Chari. Il y a là un massif montagneux dont les eaux descendent vers le Bahr-el-Ghazal du sud, et où l'on voit le mont Kosanga. Les anciens donnaient à ce massif le nom d'Aranga.

Quoiqu'il ne soit pas possible de discuter ici les renseignements laissés par Ptolémée sur la route qui allait de Leptis à Agisymba en passant par le pays des Garamantes, on ne peut s'empêcher de remarquer la merveilleuse coïncidence des documents anciens avec les renseignements de la géographie moderne. Aujourd'hui encore, comme il y a deux mille ans, lorsqu'on voudra ouvrir une grande route coupant l'Afrique du nord au sud, allant de la Méditerranée jusqu'au bassin du Congo et même jusqu'au cap de Bonne-Espérance, on trou-

vera tout avantage à suivre la direction de la voie garamantique. Celle-ci, qui passait par le Tibesti, par le Darfour, qui
allait atteindre le bassin du Congo vers l'Aruwimi, une rivière
probablement identique avec l'Ouellé, et qui remontait la vallée supérieure du Congo jusque vers le pays de Cazembe, traversait les contrées les plus riches du continent africain et
celles où les obstacles sont les moins nombreux. Au point de
vue moderne et pour l'avenir, on peut remarquer de plus, que
cette route, soit dans le Tibesti, soit dans le Darfour, soit dans
le Soudan où elle longe le rebord du massif qui porte les
grands lacs Albert-Nyanza, Taganyka et Nyassa, dans toute
l'étendue de son parcours, rencontre une série de montagnes,
sur lesquelles les Européens pourront fonder leurs stations ou
établir leurs *sanitoria*.

Sur cette longue voie naturelle si merveilleuse et où passera
certainement une grande artère commerciale, il faut s'avancer
jusqu'aux hauteurs qui séparent le versant du Nil du versant
du Congo, pour trouver un des points les plus curieux de
l'Afrique ancienne et de l'Afrique contemporaine, celui où l'on
pourra résoudre la grande question qui nous intéresse. Là,
dans le pays des Niams-Niams et des Mombouttous visités
par le Dr Schweinfurth, on est sur le champ même où la
traite contemporaine exerce ses ravages, à la limite de la double invasion musulmane, celle qui arrive par Chartoum et celle
qui part de Zanzibar, car cette dernière a pénétré vers le
Congo central, presque à l'embouchure de l'Aruwimi. On est
aussi à un point où l'on peut recueillir des souvenirs très-
curieux laissés par l'antiquité, et ces lointaines traditions vont
nous donner des renseignements précieux pour l'avenir.

Il y a, au milieu de cette contrée, où les négriers promènent
leurs dévastations, de vieilles races qui sont parties de l'Europe à peu près à la même époque où les Libyens quittaient
les bords du Rhône, mais qui ont pénétré dans l'Afrique centrale par une route toute différente. Elles ont franchi le détroit
de Gibraltar, traversé l'Atlas occidental et suivi l'Oued-Guir,
une rivière qui descend de cette montagne à In-Salah et qui a
gardé le nom de l'ancien Ger. Par cette route qui les menait
au Ahaggar, et par cette vallée inexplorée du Ger mystérieux
qui reliait l'Ousargala au Pharax, elles sont arrivées jusque

dans le voisinage du Nil, où les délégués de l'Europe moderne iront bientôt leur demander leur concours.

Ce n'est pas Ptolémée qui nous fait connaître cette vieille invasion, c'est Salluste. Cet écrivain a recueilli d'anciennes traditions qui avaient pris une forme légendaire dans le souvenir des Africains, mais qui rapportaient des faits véritables et dont l'exactitude peut être constatée aujourd'hui. D'après ces légendes, l'Espagne avait vu arriver jadis une grande invasion partie de l'Orient et conduite par Hercule, qui était venu mourir dans la péninsule ibérique. Son armée, composée de deux groupes d'envahisseurs, de Mèdes et d'Arméniens d'un côté, et de Perses de l'autre, avait ensuite franchi le détroit, dont les deux rives gardèrent le nom de Colonnes d'Hercule, et chacun des deux groupes s'était emparé d'un domaine en Afrique. Les Perses s'étaient établis sur les côtes voisines de l'Océan, où ils s'étaient alliés aux Numides, et les deux autres peuples s'étaient avancés vers l'est, dans la direction du pays où Carthage devait s'élever plus tard.

Les colonies persanes de l'Afrique avaient apporté dans leur nouvelle patrie un genre d'habitation très-curieux. Leurs maisons appelées *mapalia* étaient des constructions allongées, dont le toit se recourbait sur les flancs, en sorte qu'elles ressemblaient à la carène d'un navire renversé. Or il se rencontre que l'Afrique contemporaine possède encore des populations qui construisent des mapalia, que ces populations à mapalia ont des institutions dont l'origine européenne est hors de doute, et que la colonie la plus puissante de ces populations habite les bords de l'Ouellé.

Pour expliquer ces anciennes migrations et pour montrer comment des peuples venus de l'Orient ont traversé l'Europe entière et se sont ensuite enfoncés vers le centre de l'Afrique, il faudrait discuter ici la légende de l'Hercule septentrional ou de l'Hercule européen. Au lieu de suivre ces souvenirs qui demanderaient presque un volume et qui se rattachent aux premiers documents de l'histoire européenne, il suffira de dire que le mythe de l'Hercule septentrional rappelle l'invasion de notre continent par les races indo-européennes. Les prétendus Perses amenés par cette migration jusqu'en Espagne et dans les régions de l'Atlas, appartenaient à ces populations nouvelles, tandis que les Mèdes et les Arméniens qui s'étaient joints à eux, étaient des Chamites ou des Sémites comme les Pélages ou les Libyens (1). En outre, il est probable que c'est l'arrivée des Indo-Européens qui détermina le départ des Libyens du Rhône pour l'orient et pour l'intérieur de l'Afrique, où ils devaient rencontrer de nouveau les envahisseurs devant lesquels ils avaient fui de l'autre côté de la Méditerranée.

Quoi qu'il en soit de ces lointains souvenirs, il est certain que l'on trouve aujourd'hui encore en Afrique des populations qui construisent des mapalia. Il y en a vers les monts Camaroons, non loin de l'embouchure du Niger; mais leur colonie la plus puissante est celle des Mombouttous, qui habitent les bords de l'Ouellé, et qui ont été visités par le Dr Schweinfurth. Le voyageur allemand nous a décrit les habitations de ce peuple, et il est impossible de lire cette description sans se rappeler ce que Salluste nous a appris des mapalia. Avec ce souvenir, on comprend mieux ce que le Dr Schweinfurth nous dit du roi des Mombouttous dont la figure avait le type caucasique, particulièrement le nez aquilin, le profil droit et la barbe épaisse. On s'explique surtout que les riverains de l'Ouellé aient certaines institutions européennes. Ainsi ils ont ce pacte d'alliance dans lequel les deux contractants boivent à une même coupe après y avoir laissé tomber quelques gouttes de leur sang au moyen d'une incision. C'est une tradition toute scythique, qui a été décrite par Hérodote et que l'on trouve dans une grande partie de l'Afrique intérieure avec d'autres institutions également venues du nord. Pour compléter cette recherche, il faudrait savoir si la langue des Mombouttous, dont l'explorateur allemand n'a rapporté aucun échantillon, par suite d'un accident qui lui a fait perdre ses notes, il faudrait savoir si cette langue n'a plus rien de commun avec celles que l'on parle en Europe.

Quant aux recherches sur le genre de construction adopté

(1) C'est avec intention que ces populations sont appelées ici Chamites ou Sémites. Quoique ces deux noms désignent deux races différentes, il y a eu entre ces races une certaine communauté de langue qui les rapproche. Une distinction plus précise demanderait une longue discussion.

par les populations africaines, on en comprendra l'importance, en sachant que les tribus de l'intérieur ont seulement trois sortes de cases : la case ronde, la case carrée et la case allongée, et que chacune de ces cases caractérise toujours un groupe de population ayant une certaine communauté dans la langue, les mœurs ou les traditions. Ces recherches s'étendront encore sur un champ plus vaste, si on les poursuit hors de l'Afrique, et si, par exemple, on retrouve des mapalia jusque dans la nouvelle Guinée. C'est une de ces données au moyen desquelles on peut reconstituer l'histoire des peuples qui ont oublié leur origine, suivre leurs migrations à travers les continents, et refaire leurs archives depuis le jour où ils ont quitté le berceau commun de l'humanité.

VI

Les pays traversés par l'Ouellé et qui s'étendent vers le Congo central, ne sont pas seulement intéressants à cause de ces vieilles traditions, ils ont encore d'autres priviléges qui doivent décider les Européens à porter leurs premiers efforts de ce côté. C'est là aussi que nous examinerons comment doit s'opérer la conquête morale de l'Afrique.

Avant tout, ces pays sont au point de jonction des grandes routes du Soudan. Outre les deux belles voies qui relieront un jour la vallée centrale du Congo avec la Méditerranée par le Tibesti, et avec le Cap par le pays de Cazembe, la région voisine de l'Ouellé communique avec le Nil central par le Bahr-el-Gahzal du sud ; avec la mer des Indes par la route du Tanganyka et de Zanzibar, et avec l'Océan Atlantique par le Congo inférieur. C'est donc en s'établissant dans ces contrées, que les futurs conquérants de l'Afrique auront les moyens les plus faciles et les plus nombreux de communiquer avec l'Europe. Or, de toutes les conditions de succès, c'est la première et la plus indispensable.

Après cela, le bassin du Congo central offre des conditions presque certaines de réussite pour cette œuvre de salut qui doit rattacher l'Afrique à l'Europe et la gagner à la vraie civilisation. Au point de vue matériel, cette contrée a des terres d'une merveilleuse fertilité, parce qu'elles réunissent les pluies équatoriales et la puissante chaleur des tropiques. Elles auront donc de riches produits à livrer au commerce le jour où les populations qui les habitent pourront les exploiter en sécurité. Bien certainement, ces champs de l'Afrique, où les herbes atteignent la taille d'un homme et où la cime des arbres s'élève presque à la portée d'une balle, seront un grenier d'où nos terres populeuses du nord tireront d'abondantes provisions. Dès que les Européens auront introduit dans ce pays la sécurité et le commerce honnête, il en sortira des richesses qui feront la fortune des étrangers et des indigènes. Ces derniers y trouveront bientôt des ressources pour se procurer des armes et organiser leur travail, c'est-à-dire pour se grouper en nations indépendantes. C'est là d'ailleurs le grand trait qui distingue les régions équatoriales habitées par des Éthiopiens, pour laisser aux indigènes un nom qui leur convient mieux que celui de nègres, des régions du nord habitées par les Arabes et les Berbères de religion musulmane.

Au point de vue moral, l'Afrique intérieure, en particulier les pays situés entre le Congo central et le haut Zambèse, toutes les contrées qui n'ont pas été visitées par les marchands étrangers et la traite des esclaves, ont conservé des nations plus honnêtes, des races plus vigoureuses et plus saines, qui sont toutes prêtes à recevoir les représentants de l'Europe. Livingstone a pu voyager pendant vingt-cinq ans au milieu de ces tribus barbares, sans être obligé jamais de se servir de son fusil pour défendre sa vie, y rencontrant bien des fois une aide qu'on lui aurait refusée vers la côte, et apprenant partout à respecter les blancs. C'est chez ces populations plus intactes que les Européens sont sûrs de trouver leurs premiers alliés et que la civilisation doit fonder ses premières colonies.

Entre les barbares de l'intérieur, les plus mûrs pour cette transformation morale qui doit sauver l'Afrique, sont les tribus indépendantes et fières qui ont refusé de se courber devant le fusil des négriers, et qui, malgré la supériorité d'armement de leurs adversaires, ont accepté la lutte pour défendre leur liberté. Il y en a même parmi elles qui ont trouvé des armes à feu en battant leurs agresseurs, et qui se procurent de la poudre en enlevant leurs convois. Dans les pays qui s'élèvent entre le Bahr-el-Ghasal du sud et l'Aruwimi, au moment où le Dr Schweinfurth parcourait ces contrées, de 1869 à 1871, les négriers de Chartoum rencontraient une résistance vigoureuse chez les Abangas, chez les Baboukres, et chez les Niams-Niams de Ndôrouma. C'est ce dernier, un chef intelligent, qui donnait des armes à feu à ses soldats en les enlevant aux envahisseurs. Croit-on que la protection de l'Europe sera mal reçue chez ces populations malheureuses, que les chasses à l'homme ont décimées, et chez lesquelles les razzias portent la dévastation et la famine?

Pour compléter le plan de campagne qui doit assurer la conquête morale de l'Afrique, il faudrait descendre ici dans des détails plus précis, suivre un à un tous les pays et tous les peuples pour en examiner les ressources et la situation. Mais une pareille enquête ne peut trouver sa place dans cette étude d'ensemble. En outre, cette enquête serait bien incomplète et bien difficile, d'autant plus que l'Afrique intérieure est bouleversée en ce moment par une agitation qu'elle n'avait pas connue jusqu'à présent. On dirait que les négriers se hâtent de profiter des derniers jours qui leur restent avant l'arrivée des Européens, tant ils mettent de presse à dévaster les pays qui étaient encore intacts jusqu'ici. Depuis trois ans une sorte de révolution mal connue de l'Europe ensanglante les contrées situées entre le Bahr-el-Ghasal, et le Congo. Dans cette révolution a péri Adb-es-Samate, le chef égyptien qui avait pris le Dr Schweinfurth sous sa protection. L'heure est donc venue pour les Européens d'aller porter la paix dans ce malheureux pays, et c'est là qu'ils doivent commencer leur conquête.

C'est de là aussi qu'ils partiront pour dégager les routes qui aboutissent à la Méditerranée, avant tout la voie garamantique. Celle-ci sera la première ouverte, car on y trouve échelonnée une longue ligne de populations toutes prêtes à accepter l'alliance de l'Europe. Au nord du groupe au milieu duquel combat Ndôrouma, on rencontre, dans le bassin du Chari, un second groupe de tribus païennes, vaillantes et généreuses qui luttent avec énergie contre les envahisseurs musulmans, et qui leur font payer chèrement les esclaves qu'on enlève à leur pays. C'est le Dr Nachtigall qui a fait connaître cette lutte.

Entre les tribus indépendantes et vigoureuses de ce second groupe, la plus remarquable par sa bravoure, est celle des Sokoro, qui habite un massif rocheux situé à peu près vers 12° 30' La. N. et 15° Lo. E. Par une coïncidence très-curieuse il se rencontre en même temps que cette tribu est probablement de race libyenne. Plusieurs motifs peuvent le faire croire, quoique la démonstration ne puisse être complète tant qu'on n'a pas vu les Sokoro mêmes. En premier lieu la région montagneuse qui forme le centre de leur domaine, s'appelle Gère, un nom qui rappelle celui de Girgiri, de Geira et qui est essentiellement libyen. En outre le nom de Sokoro ressemble beaucoup à celui des Astakouroi, que Ptolemée plaçait entre le Pharax et le Niger méridional, c'est-à-dire entre le Darfour et le Chari.

Si ces rapprochements sont exacts, il est curieux de voir cette race d'origine européenne, conserver encore, après plus de trois mille ans, la supériorité morale que ses ancêtres avaient emportée des rives septentrionales de la Méditerranée, et il sera plus curieux encore de voir ces lointains souvenirs faciliter quelque jour une alliance avec les Européens. Quoi qu'il en soit des Sokoro, il est certain que les colonies envoyées par l'Europe dans les régions africaines n'ont pas passé sur notre terre du nord sans y prendre quelque supériorité physique ou morale, car les terres septentrionales plus pauvres et plus froides imposent plus de travail et plus de luttes ; il est certain aussi que cette supériorité n'a pas été effacée tout entière par les siècles et qu'elle comptera comme un élément puissant dans le relèvement prochain des races africaines.

Dans le Tibesti, qui forme la troisième étape entre le Congo et le littoral, la vieille population des Tebous qui représente sans doute la race des Garamantes éthiopiens, est tombée beaucoup plus bas que les tribus païennes du Chari et du Bahr-el-Ghasal. Devant les razzias continuelles dont elle a été la victime et qui ont été organisées tour à tour par les pachas de la côte, les rois du Fezzan, les Arabes et les Touaregs, elle a reculé peu à peu dans le massif que domine le Tarso, et elle est tombée dans la misère la plus profonde, au point qu'elle touche à sa destruction complète si un secours étranger ne vient la relever.

C'est une lamentable histoire que celle des dévastations auxquelles les habitants du Tibesti ont été exposés, même à ne prendre que les données fournies par les explorateurs modernes. Depuis 1780, il n'est pas un seul voyageur qui ait visité l'Afrique septentrionale sans signaler quelque atrocité nouvelle dont la race des Tebous a été victime. Hornmann, Fresnel, Lyon, Vogel, Barth, Beurmann, tous parlent de ces chasses sanglantes d'où les vainqueurs ramenaient des troupeaux d'esclaves pour les vendre aux marchands de Tripoli, du Maroc ou de l'Egypte. Mais, si les malheureux du Tibesti ne peuvent apporter un concours bien puissant à l'œuvre de salut entreprise par l'Europe, s'ils n'ont plus pour eux le nombre et la supériorité intellectuelle, ils ont au moins le souvenir de leurs souffrances, et leur concours ne pourra faire défaut à ceux qui iront leur donner la sécurité.

Sur ce chemin qui nous ramène de l'intérieur à la côte, nous rencontrons pour la dernière fois les races d'origine européenne. Avant de les quitter pour clore ce travail que les circonstances ont prolongé au-delà des limites qui lui étaient assignées d'abord, il reste à dire que leur domaine géographique actuel s'étend jusque dans le voisinage de Zanzibar et qu'elles paraissent particulièrement nombreuses sur le versant de la mer des Indes, au sud de l'Abyssinie. Dans quelques contrées elles sont groupées en nations redoutables. Ailleurs elles forment des castes à part au milieu des races méridionales, chez lesquelles elles représentent l'élément aristocratique ou les tribus pastorales, car ces hommes du nord sont généralement restés carnivores au milieu des peuples du midi, qui préfèrent la nourriture végétale. La présence de ce double élément est un des traits les plus curieux de la région qui s'étend entre Zanzibar et les grands lacs. Sur plusieurs points, outre la bravoure qui les distingue, ces populations ont encore gardé une certaine intégrité morale qui leur assigne véritablement une place à part au milieu des habitants de l'Afrique.

Ces lointains souvenirs, ces vieilles traditions qui remontent à plusieurs milliers d'années vont se raviver bientôt quand sera venue la grande heure du réveil qui ne tardera pas à sonner pour les populations africaines. Alors on comprendra mieux l'économie providentielle qui a fait passer les futurs colons de l'Afrique centrale par les terres de l'Europe d'où ils ont emporté de précieuses traditions. Le moment approche où ces germes vont donner des fruits. Des grains de blé qui dormaient dans les sarcophages égyptiens depuis l'époque des Pharaons ont poussé de nouveau quand on les a semés de nos jours; d'anciennes plantes couvertes par les déblais des mines du Laurium ont donné des fleurs que la botanique européenne ne connaissait plus, le jour où l'on a rendu à ces plantes le grand air et la lumière du soleil. La terre d'Afrique verra une renaissance plus merveilleuse encore lorsque le souffle qui porte la vérité et la vie, parcourra ces régions de morts, sauvant les victimes, relevant les vaincus et libérant les oppresseurs eux-mêmes. Ce sera la grande conquête.

Ici encore il faudrait avoir le temps d'examiner en détail les conditions qui doivent assurer cette conquête, marquer d'avance aux ouvriers de cette grande œuvre les chemins qu'ils doivent suivre, les stations qu'ils doivent fonder, les provisions de science et de dévoûment qu'il faut emporter, les alliés que l'on doit choisir, dresser les plans de cette campagne qui donnera à la liberté et au bien un continent tout entier.

Au lieu de ces vastes recherches qui viendront peut-être à leur heure, il suffira, pour clore cette étude préliminaire, d'apporter un dernier renseignement géographique.

En attendant que l'on dégage les grandes routes qui aboutiront à la Méditerranée, les explorateurs européens qui se dirigent vers l'Afrique intérieure ont besoin d'avoir un chemin ouvert à leurs communications, une route qui appartienne en quelque sorte à l'Europe, qui soit plus courte et moins embarrassée d'entraves que la voie égyptienne du Nil ou la voie arabe de Zanzibar. Cette nécessité est d'autant plus impérieuse qu'il faudra de longues années avant que les routes du nord soient libres et que les populations hostiles du Sahara ouvrent leur pays au commerce européen. En effet, il ne s'agit pas de se frayer un passage à coups de fusil ni de subjuguer les indigènes par la force. Ce n'est pas une œuvre de guerre que l'Europe doit entreprendre en Afrique, mais une œuvre de pacification. Celui-là seul sera digne d'en être l'ouvrier qui partira par dévoûment, prêt à s'imposer de longues années de labeur, et comptant sur une récompense supérieure aux richesses et à la gloire même.

Devant cette nécessité de trouver une route nouvelle qui soit plus rapide que les chemin du Nil et de Zanzibar, une route dont les Européens aient toujours la libre pratique, le choix est tout indiqué. Cette route sera forcément la voie fluviale du Congo. Déjà on annonce qu'une puissante expédition dans laquelle se rencontreront des Belges, des Français et des Hollandais, est sur le point de pénétrer dans le grand fleuve équatorial. Elle portera des bateaux à vapeur au-dessus des cataractes que le Congo est obligé de franchir avant d'arriver à la côte, et, dans un an, ces vapeurs promèneront, au cœur même de l'Afrique, la colonne de fumée qui annoncera la prise de possession de ce pays par le commerce et la civilisation de l'Europe.

Mais la voie fluviale du Congo doit avoir une double tête de ligne sur le littoral. Il y en aura une à l'embouchure même du fleuve, et il y en aura une seconde au Gabon. Celle-ci sera reliée avec le Congo par l'Ogowé et par l'Alima. Ce sera la route française. La France doit avoir sa route à elle pour communiquer avec l'intérieur de l'Afrique, car tout ce qui touche au continent africain la touche elle-même de très-près. Elle ne peut se désintéresser aux événements qui s'accomplissent sur une terre où elle possède l'Algérie, le Sénégal, le Gabon. Pour prendre sa part à la grande conquête morale et commerciale qui commence, elle a de plus ses explorateurs, ses officiers, ses missionnaires catholiques, tous éprouvés, intrépides et ayant montré ce que l'on peut attendre de leur dévoûment. Il ne manque à ces représentants de la France que d'être mieux connus et mieux encouragés.

Dans une entreprise comme celle qui se poursuit aujourd'hui en Afrique, et à laquelle tous les peuples de l'Europe apportent leur appui, même par les souscriptions les plus abondantes, c'est un devoir national de soutenir les nôtres. L'œuvre qui commence, doit sauver un continent, ouvrir à l'exploitation un des plus beaux domaines de l'univers et assurer de magnifiques profits aux nations qui l'entreprennent. Elle demande le concours de tous. Elle a trouvé de puissants promoteurs qui ont donné l'impulsion, des savants qui apportent leurs études, des explorateurs qui exposent leur vie. Elle a enrôlé toute une armée d'hommes dévoués, elle entraîne nos grands commerçants et elle fait des levées dans l'élite de nos prêtres. Le public y joindra des encouragements et de généreuses contributions.

Lyon. — Imp. Alf. Louis Perrin et Marinet. — 7-73.

PRÉFACE

DE LA SECONDE ÉDITION

Cette publication a été en quelque sorte imposée par les circonstances : la recherche des matériaux a pris des années; la rédaction a dû être improvisée.

C'est la continuation de l'œuvre commencée en 1870 par le livre de la Traite Orientale, qui faisait connaître, pour la première fois, l'importance et le rôle de l'esclavage oriental.

D'après des documents entièrement inconnus jusqu'ici, l'auteur décrit l'ensemble des routes qui traversaient le Sahara et qui conduisaient de la Méditerranée au Soudan à l'époque la plus florissante de l'empire romain.

Avant tout il a voulu soumettre à une expérience pratique les renseignements de la géographie ancienne.

Au moment où l'expédition dirigée par le Dr Rohlfs partait de Tripoli, il a annoncé d'abord que cette expédition allait rencontrer l'ancienne voie du pays des Garamantes et il a décrit d'avance cette route.

Quand l'expédition a été forcée de se détourner vers Audjila et le désert libyque, il a décrit à son tour la voie commerciale qui conduisait les marchands d'Alexandrie dans le Soudan, en passant par Audjila et en suivant la vallée du Ger, un immense ouadi sur lequel la géographie contemporaine n'a presque pas la moindre indication.

Après cela le travail s'est élargi et s'est étendu à toutes les routes de l'Afrique centrale.

Enfin, une dernière modification a été imposée a ces recherches lorsque l'expédition du Dr Rohlfs a été refoulée vers Bengasi.

Alors il a fallu examiner le problème africain dans son ensemble, et chercher comment on doit ouvrir l'Afrique intérieure au commerce de l'Europe.

L'importance d'une pareille étude est démontrée par le rapport du ministère des travaux publics et par le décret du président de la République Française, en date du 13 juillet 1879, qui reconnaissent la nécessité d'ouvrir des routes dans l'Afrique du nord, et d'associer la France aux grandes entreprises que l'Europe dirige vers le continent africain.

Le lecteur trouvera certainement dans ce petit livre des faits géographiques entièrement nouveaux, et il verra l'autorité de ces faits confirmée déjà par des preuves de la plus grande solidité.

Un des explorateurs les plus connus de l'Afrique en a fait l'expérience pratique sur le terrain, et une note insérée dans les rapports de l'Académie des Sciences, du mois de juin 1879, en constate la valeur scientifique.

Ces titres assureront l'indulgence du public à l'auteur et à son travail.

Lyon, 15 août 1879.

ERRATA

Dans les quatre premiers chapitres, dont l'auteur n'a pu
surveiller l'impression, il s'est glissé quelques fautes. Voici
celles que le lecteur ne peut corriger lui-même :

Page 7, ligne 34, au lieu de Sebka d'Amagdar, lire Sebka d'Amagdor.

Page 18, ligne 36, une phrase a été omise. Après la citation de Pline sur l'embouchure du Rhône, le manuscrit ajoutait : Un second document, plus ancien
et plus formel, prouve que les Gaulois du midi avaient conservé le souvenir
des Libyens établis à côté d'eux, au nord des Pyrénées.

Page 19, ligne 7, au lieu de Cherri, lire Chari.

Page 22, ligne 29, au lieu de : les villes de Tagant et Thouèlat, appelées Tagat et
Oualata dans la géographie morderne, lire : les villes de Tagana et
Thouèlath, appelées Tagant et Oualata.....

DU MÊME AUTEUR

LA TRAITE ORIENTALE , *histoire des chasses à l'homme organisées en Afrique depuis quinze ans pour les marchés de l'Orient.* — Paris, Guillaumin, 1870. — 6 francs.

THE SLAVE TRADE IN AFRICA IN 1872 , *principally carried on for the supply of Turkey, Egypt, Persia, and Zanzibar, translated, with a preface by Joseph Cooper.* — Edvard Marsh, London, 1872.

ANDRÉ BRÜE, *ou l'origine de la colonie française du Sénégal.* — Paris, Guillaumin, 1874. — 6 francs.

DOCTRINA PTOLEMÆI DE NILO ET NIGERI. — Paris, Guillaumin, 1874.

PETITE CARTE TOPOGRAPHIQUE DE LA FRANCE, avec courbes, 20 feuilles. — Lyon, Palud, Georg. — 4 francs.

LA PREMIÈRE ÉCOLE DE GÉOGRAPHIE ASTRONOMIQUE ET LA PROCHAINE DÉCOUVERTE DU PAYS DES GARAMANTES, 1878. — Lyon, Georg, et les principaux libraires. — 80 centimes.